AF244567

PÉTITION

PRÉSENTÉE

AU SÉNAT

SUR

L'ÉTAT DU DROIT MARITIME INTERNATIONAL

DÉTERMINATION DES MARCHANDISES DE CONTREBANDE DE GUERRE.
ABOLITION DU DROIT DE CAPTURE DES NAVIRES MARCHANDS.

> « Il est à désirer qu'un temps vienne où les idées libérales s'étendent sur la guerre de mer. »
> (*Mémoires de Napoléon*, t. III, ch. VI, § 1, p. 301.)

> « Un temps viendra où les principes qui régissent les hostilités en terre ferme seront également appliqués sur l'Océan, de sorte que les propriétés privées y seront à l'abri des captures. »
> (Lord PALMERSTON, *Discours aux négociants de Liverpool.*)

PARIS

IMPRIMERIE CENTRALE DES CHEMINS DE FER

DE NAPOLÉON CHAIX ET Cⁱᵉ,

Rue Bergère, 20, près du boulevard Montmartre.

1861

Le Congrès de Paris, convoqué spécialement pour mettre fin à la guerre de Russie et pour régler les nouveaux rapports que le sort des armes avait créés, s'est, à bon droit, préoccupé du droit international maritime, dont l'importance déjà considérable grandit tous les jours, et a eu l'honneur d'arborer franchement le drapeau de la civilisation et du progrès. Par la suppression de la course, il a régularisé l'action de la marine militaire ; par l'admission du principe que le pavillon neutre couvre même la marchandise ennemie, il n'a pas seulement consacré les droits des neutres, il a encore en quelque sorte autorisé la continuation du commerce entre les belligérants, pourvu que le transport soit accompli par les neutres.

Vous connaissez, Messieurs, les principes qu'il a fixés et qu'il a lui-même formulés ainsi :

1º La course est et demeure abolie.

2º Le pavillon neutre couvre la marchandise ennemie, *à l'exception de la contrebande de guerre.*

3° La marchandise neutre, *à l'exception de la contrebande de guerre*, ne peut être capturée sous pavillon ennemi.

4° Le blocus, pour être obligatoire, doit être réel.

Il est à regretter qu'après avoir posé les principes, le Congrès de Paris ait négligé de préciser certains points de détail sans lesquels leur application peut être violée, et que notamment il n'ait pas déterminé *quels objets doivent être considérés comme contrebande de guerre :* aussi avons-nous vu ces questions se soulever dans la guerre d'Italie à propos de la houille et du soufre.

Enfin, depuis le Congrès de 1856, les idées de civilisation et d'humanité n'ont pas cessé de s'épurer, et une application nouvelle du principe de la liberté du commerce, celle de *l'abolition du droit de capture des navires marchands*, est sortie du domaine purement scientifique pour entrer dans celui de la controverse politique et des traités internationaux.

Nous nous proposons, Messieurs les Sénateurs, d'appeler votre attention sur chacune de ces deux questions ; et nous venons, par voie de pétition, vous solliciter de faire usage des pouvoirs que vous tenez de la constitution pour les recommander au Gouvernement.

§ 1.

Détermination des marchandises de contrebande de guerre.

Quelles sont les marchandises qui doivent être considérées omme objets de contrebande de guerre ? Et spécialement ne doit-on pas reconnaître de commerce libre, les vivres, la houille, le soufre ?

Ces importantes questions ne sont pas résolues; car tandis que le gouvernement français déclarait, dans la guerre d'Italie, que la houille ne doit pas être classée comme contrebande de guerre et que son commerce doit rester libre, le gouvernement anglais paraissait disposé à adopter la solution opposée. D'un autre côté, le gouvernement qui régnait alors dans les Deux-Siciles prohibait l'exportation du soufre par navires nationaux. Quant aux vivres, ils ont été, dans les guerres du commencement de ce siècle, le sujet de nombreuses controverses, et rien n'indique qu'elles ne puissent reparaître.

Pour emprunter les expressions du Congrès de Paris, « l'incertitude du droit et des devoirs en pareille matière donne lieu entre les neutres et les belligérants à des divergences d'opinion qui peuvent faire naître des difficultés sérieuses et même des conflits. »

Ce n'est donc pas une dissertation de théorie pure que nous nous proposons de faire passer devant vos yeux, mais l'examen de questions difficiles et controversées du droit des gens maritime, dont la solution pratique pourrait avoir, en cas de guerre, à se présenter devant une Cour d'amirauté ou un Conseil des prises, si elles n'étaient résolues par l'accord des gouvernements.

Nous vous demandons la permission de rappeler les éléments de cette solution.

Lorsque la guerre existe entre deux nations, les autres peuples qui veulent rester étrangers à cette guerre ont pour premier devoir d'observer une neutralité véritable, c'est-à-dire de s'abstenir de tout acte direct ou indirect d'hostilité, de tout acte ayant pour résultat d'augmenter, au détriment de l'un des belligérants, les ressources dont l'autre dispose.

Appliquant ces principes au commerce qui existe entre l'État neutre et les États belligérants, on voit que l'État neutre doit s'abstenir dans ce commerce de tout ce qui pourrait constituer une immixtion aux actes de la guerre ; c'est ainsi que la vente d'armes et de munitions de guerre devra être considérée comme un acte hostile.

D'un autre côté, le peuple resté neutre ne doit pas souffrir des conséquences de la lutte à laquelle il veut rester étranger, et a par conséquent le droit de continuer ses relations commerciales avec les peuples en guerre tant que le commerce n'a pas un rapport direct avec les opérations militaires.

Les marchandises qui font l'objet du commerce entre les neutres et les belligérants, se divisent donc par le fait de la guerre en deux classes : les marchandises dont le commerce continue à être légitime ; celles dont il devient illicite à raison de leur nature destinée à la guerre. Ces dernières prennent le nom de marchandises de contrebande de guerre.

Lorsqu'une marchandise est reconnue comme contrebande de guerre, il est utile de rappeler quelles sont les modifications, les restrictions que cette circonstance vient apporter à la règle générale de la liberté du commerce entre le neutre et les belligérants.

Il faut distinguer le gouvernement, l'État lui-même, des particuliers sujets à cet État. Quant à l'État neutre, il ne doit jouer aucun rôle actif ou passif dans la lutte, c'est-à-dire qu'il doit s'abstenir, soit de fournir lui-même des armes, des projectiles, de la poudre, tirés de ses arsenaux ou de toute autre manufacture, soit de les transporter par ses navires. Les obligations de la neutralité ne sont pas aussi sévères à l'égard des particuliers sujets de l'État neutre ; ils conservent le droit de se livrer au commerce passif des objets de contrebande de guerre, et la neutralité n'est pas enfreinte parce qu'un État neutre permet indistinctement à tous les belligérants de venir acheter chez lui, pour les transporter chez eux à leurs risques et périls, des objets propres à la guerre. Laisser ses portes ouvertes au commerce pour que tous les peuples viennent s'y approvisionner selon leurs besoins, ne saurait constituer un acte hostile à l'un des belligérants.

Mais si ce rôle passif est permis aux sujets de l'État neutre, tout rôle actif leur est interdit, en ce sens qu'ils ne peuvent transporter chez l'ennemi des marchandises ayant un emploi direct dans les opérations militaires.

Ce qui est défendu aux particuliers, sujets d'un État neutre, ce n'est donc pas la vente chez eux de marchandises considérées comme contrebande de guerre, mais bien le *commerce de transport* de ces marchandises. C'est le transport seul qui constitue l'acte que les lois internationales déclarent illicite. Quant au gouvernement neutre, nous l'avons dit, il ne peut ni donner, ni vendre, ni transporter.

Ainsi donc deux principes sont en présence dès qu'il s'agit du droit des neutres : celui de la liberté générale du commerce qui doit subsister entre le neutre et les belligérants, et celui de la restriction à cette liberté apportée pour certaines classes d'objets propres à la guerre.

Sur ces points il y a accord parfait entre les publicistes ils sont également reconnus par le droit des gens *secondaire* ou *positif,* qui se forme par les traités et par la pratique des nations.

La divergence des opinions, la contradiction des traités, la diversité des usages commencent dès qu'il s'agit d'appliquer ces principes et de reconnaître quelles marchandises doivent être considérées comme contrebande de guerre.

S'il y a, en effet, des objets qui n'ont d'autre destination possible que la guerre, comme les armes, les munitions, les engins spéciaux, et sur le caractère desquels il ne peut s'élever aucune difficulté, il existe un grand nombre d'objets qui, utiles dans la paix, peuvent aussi servir aux usages de la guerre, soit dans leur état brut, soit après avoir été transformés par l'industrie.

Parmi les publicistes, les uns veulent laisser à la liberté commerciale la part la plus large d'action et ne faire porter l'interdiction que sur le transport des marchandises servant expressément et uniquement à la guerre; l'école opposée tend à faire prédominer le principe contraire et à étendre jusqu'à l'infini le cercle des prohibitions.

Quel est l'état du droit international relativement aux trois objets dont nous nous occupons plus spécialement : les vivres, la houille, le soufre?

Il est nécessaire, pour éclairer la solution de ces questions, de jeter un rapide coup d'œil sur l'histoire.

Jusqu'au XVIe siècle, les usages des nations maritimes n'avaient pas déterminé les marchandises prohibées et avaient essayé d'étendre la prohibition à toute espèce de commerce. Après les guerres de la fin du xvi⁰ siècle, on cherchait à fixer la solution de questions dont on commençait à comprendre l'importance.

Les traités de 1604 conclus entre l'Espagne et les archiducs, d'une part, et l'Angleterre, de l'autre, étendus à la France en 1605, renferment une des premières énumérations connues des objets constituant la contrebande de guerre. Ils y comprennent nominativement les blés et les vivres (1), exemple funeste qui ne sera que trop suivi.

Lorsqu'en 1648, le traité de Westphalie vint poser les premières bases du droit public européen, on négligea de donner une solution aux questions maritimes déjà soulevées, et le traité resta muet sur la contrebande de guerre.

La fin du xvii⁰ siècle présente un grand nombre de traités dans lesquels figurent tour à tour tous les peuples navigateurs de l'Europe, et qui limitent la contrebande aux choses propres et exclusivement destinées à la guerre. Quelques-uns y comprennent les vivres et l'argent monnayé ; celui de 1701, entre la Hollande et le Danemark, mentionne les munitions navales, bois, chanvres, fers, goudrons, matériaux propres à la construction, à l'armement et au radoub des navires.

Mais ces traités extensifs des prohibitions sont en petit nombre et peu importants, tandis qu'au contraire les traités les plus remarquables, ceux qui mirent fin aux guerres et aux coalitions qui marquent les dernières années du xvii⁰ siècle,

(1) Art. 4 du traité. Dumont, t. V, § 1, p. 33.

et qui devinrent la base du droit des gens moderne, les traités d'Utrecht, d'Aix-la-Chapelle, de Nimègue, de Ryswick, limitent tous la contrebande aux armes et munitions de guerre.

Les traités d'Utrecht (1713) peuvent être considérés comme l'expression complète de l'état du droit à cette époque. Ces traités, où figurèrent les grandes puissances maritimes de l'Europe, la France, l'Angleterre, la Hollande et l'Espagne, et auxquels adhérèrent la Prusse et Venise, ne se bornèrent pas à donner la liste des objets prohibés, liste réduite aux armes, munitions et instruments de guerre ; ils contiennent aussi dans l'article 20 des dispositions formelles pour déclarer libre d'une manière absolue le commerce d'objets qui avaient paru douteux, tels que l'or et l'argent monnayés ou non, *les vivres de toute espèce*, les matériaux propres à la construction, à l'armement, au radoub des navires.

Les traités d'Utrecht devinrent, comme on sait, et notamment dans celles de leurs dispositions qui concernent la contrebande de guerre, la règle du droit public maritime. Leurs dispositions furent reproduites dans les traités de la Grande-Bretagne avec la Suède de 1720 ; d'Aix-la-Chapelle, en 1748, entre la Grande-Bretagne, la France et la Hollande ; de 1754 et de 1769, entre l'Angleterre et la Russie ; aux traités de Paris (1763) et de Versailles (1783), entre l'Angleterre et la France. Ces traités, généralement signés, comme ceux d'Utrecht, par les principales nations maritimes, renouvellent expressément les stipulations de 1713, auxquelles ils déclarent se référer.

L'Angleterre seule méconnut ces principes, et ses écrivains, comme ses hommes d'État et les arrêts de son conseil d'amirauté, tendaient à restreindre dans les plus étroites limites les droits des neutres. Contre ces prétentions, et pour leur résister par la force, se forma la ligue des puissances du Nord, connue sous le nom de Neutralité armée. Les principes proclamés par la coalition de 1780 étaient les mêmes que ceux posés à Utrecht. Ils réunirent l'assentiment de la Russie, de la Suède, du Danemark, des Deux-Siciles, de l'Empire, du Portugal, de la France, de la Hollande, de l'Espagne et des États-Unis d'Amérique.

L'Angleterre parut un moment se rallier à la doctrine de la plus grande liberté commerciale des neutres, et y faire acte d'adhésion par les traités qui mirent fin à la guerre de l'indépendance américaine, et qui furent signés, outre les parties contendantes, par la France, l'Espagne et la Hollande. L'art. 23 du traité de 1786, conclu avec la France, déclare libres :

« Toutes sortes de draps et tous autres ouvrages de ma-
» nufacture de laine, de lin, de soie, de coton et de toute
» autre matière; tous genres d'habillements avec les choses
» qui servent ordinairement à les faire ; l'or, l'argent mon-
» nayé et non monnayé, et tous les autres métaux ; *le char-*
» *bon* ; toutes sortes de grains et légumes, et généralement
» toutes les provisions servant à la nourriture et à la subsis-
» tance des hommes ; les munitions navales, et nommément
» les ancres et les bois de construction ; *enfin, toute mar-*
» *chandise qui n'a pas pris la forme de quelque instrument*
» *ou attirail servant à l'usage de la guerre sur terre et sur*
» *mer, et toutes celles qui sont préparées ou travaillées pour*
» *tout autre usage.* »

Sans entrer dans l'énumération de tous les traités récents qui font une classification des marchandises de contrebande, nous nous bornerons à constater que le plus grand nombre de ces traités (1) sont conformes aux principes posés par les traités d'Utrecht, et s'accordent à ne prohiber le commerce que des armes et munitions de guerre, en comprenant parmi ces dernières le salpêtre et quelquefois le soufre. Un très-petit nombre de traités y ajoute les munitions navales.

Il en est ainsi de tous les traités de la fin du xviiie siècle, dans lesquels l'Angleterre est partie ; mais à partir de 1800, lorsque tous les autres États de l'Europe et de l'Amérique tendent dans leurs traités, surtout dans ceux conclus depuis le rétablissement de la paix européenne, en 1815, à définir plus complétement la contrebande et à diminuer les prohibitions, l'Angleterre, reprenant ses anciens errements, sort de plus en plus du système qui a pour base de réduire le moins possible la liberté du commerce, pour adopter le système restrictif le plus tranché.

Elle distingue deux espèces de contrebande : la contrebande *absolue*, qui est celle jusque-là définie par les traités, et la contrebande *accidentelle*, qui comprend non-seulement toutes les denrées que quelques publicistes qualifient de douteuses,

(1) 1824. États-Unis et Colombie.
    1825.   —   et Amérique centrale.
    1827. Brésil et Prusse.
      —   —   et villes hanséatiques.
    1828.   —   et Danemark.
    1829. Hollande et Colombie.
    1831. Prusse et Mexique.
    1832. États-Unis et Chili.
    1834. France et Bolivie.
    1836. États-Unis et Pérou-Bolivie.
    1839. France et Texas.

mais toutes celles que le belligérant croira nécessaires à ses intérêts de prohiber suivant les circonstances. Seulement, elle admet que, dans le cas de contrebande par accident, le belligérant ne peut confisquer les marchandises; il n'a que le droit de les retenir en en payant le prix.

Ces prétentions se formulent, dès 1794, dans le traité conclu par l'Angleterre avec les États-Unis; elles se retrouvent dans le traité du 25 juillet 1803 imposé par l'Angleterre à la Suède, et dans celui de 1827 conclu par elle avec le Brésil, soumis à la même pression.

C'est surtout par ses règlements intérieurs que la Grande-Bretagne s'écarta du droit et des traités. Les cours d'amirauté, s'appuyant sur quelques passages de Grotius, de Heineccius et de Vatel, et malgré l'opinion énergiquement contraire de Bynkershoeck et de Valin, proclamèrent la doctrine qui fait dérouler des circonstances et de la nécessité la classification de la contrebande, indépendamment des stipulations des traités. Cette doctrine est complétement exposée par le célèbre sir W. Scott, depuis lord Stowel, dans l'affaire du Jonge Margarettha (1).

En conséquence, le gouvernement anglais donna ordre à ses croiseurs, le 8 juin 1793, d'arrêter tout vaisseau chargé de grains ou farines destinés à un port de France; les mêmes instructions furent renouvelées en août 1795. La France restait encore dans les limites des traités par l'application du règlement de 1778, qui remettait en vigueur la fameuse ordonnance de 1681. Mais, de 1807 à 1815, elle suivit sa rivale dans un système qui arriva à la prohibition presque

____

(1) *Robinson's admiralty reports,* v. I, p. 192; v. V, p. 305.

générale du commerce des neutres, et ces deux pays entraî-
nèrent l'Europe à leur suite dans l'oubli et la violation des
traités, comme du droit primitif, pendant cette période
guerrière qui ensanglanta les premières années de ce siècle.

A partir de 1815, tandis que presque tous les gouvernements revenaient au système le plus libéral et le plus conforme
aux vrais principes de la neutralité, l'Angleterre s'abstenait
de signer aucun traité dans ce sens, et dans la pratique elle
maintenait, par les ordres du conseil britannique, par les
les décisions de ses cours de prises, et par les ouvrages de
ses jurisconsultes, la doctrine de la contrebande *par accident*,
que M. Ortolan et M. Hautefeuille qualifient de doctrine de
la contrebande *ad libitum*.

Le Congrès de 1856 n'a malheureusement pas apporté
l'accord des grandes puissances sur ces questions ; car, si les
traités du 30 mars 1856 fixent les principes généraux de
droit maritime, ils ne contiennent aucune définition de la
contrebande de guerre.

Cette lacune est d'autant plus regrettable que les traités
les plus formels conclus sur cette matière de puissance à
puissance ont trop souvent été violés par les règles de circonstance que promulguaient les belligérants contre les navigateurs neutres, pour qu'il ne soit pas utile que l'accord
de toutes les grandes puissances vienne donner une sanction
sérieuse aux droits des neutres.

La question paraîtrait entière si elle n'était virtuellement
résolue comme conséquence des principes adoptés par le congrès de 1856.

Tous les publicistes, tous les hommes d'État, tous les traités, ont été d'accord pour ranger dans la classe des mar-

chandises de contrebande de guerre, les armes et munitions de guerre confectionnées. La divergence a commencé lorsqu'il s'est agi de matériaux à l'état brut ou à l'état de préparation incomplète, mais servant à la confection des armes de guerre, et encore lorsqu'il s'est agi de marchandises indispensables pour les usages civils et pacifiques, mais dont l'emploi est utile aussi à la guerre.

Nous avons indiqué comme spécialité de cette nature d'objet les vivres, la houille, le soufre : non que nous voulions restreindre la question à ces trois sortes de marchandises, mais parce que les circonstances de la dernière guerre les ont plus particulièrement désignées à l'attention publique. Que les vivres rentrent dans cette classe d'objets utiles à la guerre, mais indispensables à la paix, cela est évident; il en est de même pour les charbons, dont les usages civils sont infiniment plus nombreux que ceux de la marine militaire. Quant au soufre, il entre, il est vrai, dans la préparation de la poudre de guerre, mais combien ses usages civils sont plus importants et plus nombreux! Les industries chimiques sont presque toutes basées sur l'emploi du soufre d'où provient l'acide sulfurique. Aussi, dit M. Payen (1) : « La con- » sommation du soufre donne la mesure de l'état et de » l'importance de la chimie industrielle chez les peuples. » La consommation de soufre en France, qui était de 6,790,000 kilogrammes en 1820, dépassait 30,000,000 de kilogrammes en 1852, et la progression augmente tous les jours. Aux usages industriels est en effet venu s'adjoindre l'usage agricole depuis que le soufre sublimé a été reconnu comme le seul agent efficace dans la maladie de la vigne. Le soufre, qui a figuré comme contrebande de guerre dans divers traités,

____

(1) *Précis de chimie industrielle*, p. 104.

parce qu'à cette époque, où la chimie était à naître, il n'avait guère d'autre emploi que de servir à la confection de la poudre, ne doit donc plus être considéré au même point de vue depuis que le progrès des sciences l'a affecté à des usages industriels beaucoup plus importants, et que la consommation civile a pris une prééminence aussi notable sur la consommation militaire.

Nous avons indiqué la doctrine anglaise. Elle a été adoptée par l'auteur danois Nicol Tetens (1) et soutenue récemment avec un grand talent par M. James Reddie (2); elle ne paraît pas avoir varié depuis lord Mansfield et lord Stowel (sir W. Scott).

Mais il faut remarquer que ce droit coutumier de l'Angleterre était un corollaire de celui par lequel elle s'opposait à la maxime « navire libre, marchandise libre, » aujourd'hui admise par le traité de Paris. Il faut donc espérer que l'Angleterre qui s'est montrée digne du haut rang qu'elle occupe parmi les nations civilisées, a répudié sans retour les anciennes doctrines maritimes, derniers vestiges de la barbarie du moyen âge, et tout nous porte à croire qu'elle sera la première à reconnaître que le commerce des neutres doit être complétement libre, à l'exception des armes et munitions de guerre et sauf le cas de blocus.

S'il est juste, en effet, que les neutres, pour remplir les devoirs de la neutralité, s'abstiennent de porter à l'un ou l'autre des ennemis des engins directs et exclusifs de

____

(1) *Considérations sur les droits réciproques des puissances belligérantes et des puissances neutres sur mer*, sect. 3, §§ 3 à 5. — 1805.

(2) *Researches historical and critical in maritime international law.* V. II, p. 456. — 1845.

guerre, ils doivent avoir le droit de faire respecter en toute autre chose la liberté de leur commerce avec les belligérants, et ils ne peuvent avoir à s'inquiéter de l'usage pacifique ou guerrier qui sera fait de marchandises pouvant servir également aux usages civils comme aux usages militaires. Le décider autrement serait en réalité l'interdiction absolue de tout commerce, car il n'est peut-être pas une seule matière brute ou un seul objet manufacturé qu'on ne puisse faire servir à la guerre. L'intérêt que l'un ou l'autre des belligérants peut avoir à priver son ennemi de toutes ressources ne suffit pas pour légitimer la prohibition. Pour satisfaire à cet intérêt, le belligérant qui veut réduire son ennemi par la détresse et la disette, ne peut entraver le commerce des neutres que par le blocus, lorsqu'il se trouve dans les circonstances déterminées par le traité de Paris pour que ce blocus soit considéré comme réel.

Nous pouvons donc espérer que l'Angleterre ne reproduira pas la doctrine de la contrebande par accident, doctrine qui ne peut reposer que sur un prétendu droit de nécessité dont le belligérant seul serait juge, c'est-à-dire qui serait complétement abandonné à sa discrétion. Cette doctrine sera repoussée, même avec l'adoucissement qu'on avait essayé d'y apporter, en se bornant à l'exercice du droit de préemption.

Il serait digne de vous, Messieurs les Sénateurs, de contribuer à faire entrer dans le droit commun des peuples les principes de sage liberté du commerce des neutres reconnus par l'école française et américaine, inscrits d'ailleurs dans un grand nombre de traités internationaux, qui ne considèrent comme marchandise de contrebande de guerre que les objets fabriqués exclusivement pour la guerre, en laissant libre le transport de tous objets qui, s'ils peuvent être utilisés à la guerre, ont des usages civils importants.

§ II.

Abolition du droit de capture des navires marchands.

Le Congrès de 1856 a eu l'honneur, non de poser le principe « navire libre, marchandise libre, » mais de le faire pleinement adopter par le droit public européen, en même temps qu'il a repoussé la maxime, « navire ennemi, marchandise ennemie, » qui lui servait ordinairement de corollaire, et qu'il a admis la liberté pour les neutres de charger leurs marchandises *innocentes* sur navire ennemi.

Il y avait longtemps que, s'affranchissant des vieilles coutumes contenues dans le « Consulat de la mer, » le génie pratique et généreux des hommes d'État français avait proclamé la règle que le pavillon couvre la marchandise, et que d'autres puissances maritimes l'avaient adoptée. Sans remonter plus loin que le XVIIe siècle, nous pourrions rappeler le traité du 18 avril 1646, entre la France et la Hollande, qui fut une dérogation solennelle aux ordonnances de François Ier et de Henri III. Le même principe se trouve encore énoncé dans le traité du 17 avril 1662 entre les mêmes puissances, ainsi que dans divers autres à peu près contemporains où figurent la Hollande, l'Espagne, la Grande-Bretagne, le Portugal, la Suède.

Cette tendance à lier le sort de la cargaison à celui du navire, déjà manifeste au XVIIe siècle, semble ne devoir plus être contestée au XVIIIe, après qu'elle a reçu la consécration des traités d'Utrecht (1713). Et malgré toutes les infractions que ces traités reçurent de toutes les parties contractantes, ils avaient tellement été considérés comme fixant le droit public européen, que dans son rapport à l'Empereur, du 16 mars 1812, M. le duc de Bassano pouvait dire que « les droits » maritimes des neutres avaient été réglés solennellement » par les traités d'Utrecht, devenus la loi commune des » nations. »

C'est pour soutenir ces principes que les puissances du Nord avaient formé, en 1780, la fameuse coalition dite de la Neutralité armée, à laquelle adhérèrent toutes les puissances europénnes. Cette coalition était, comme on le sait, dirigée contre l'Angleterre, qui, seule, dit M. Shoell, replongea le droit maritime dans la barbarie du moyen âge (1).

Le Congrès de 1856 a obtenu l'assentiment, longtemps refusé, de la Grande-Bretagne, à une règle de droit dont la légitimité était reconnue par tous les publicistes, excepté par ceux de l'école anglaise, et qui se trouvait consacrée par de nombreux traités dont plusieurs auraient dû lier l'Angleterre elle-même qui les avait signés.

Le Congrès a fait dans la même voie un pas plus hardi et non moins utile quand il a supprimé la *course*.

Le droit de course ne violait en effet aucune des règles, aucun des principes du droit des gens. La course ne s'exerçait qu'en vertu d'une permission spéciale du souverain. En pratique, les corsaires étaient des auxiliaires utiles de la marine militaire, une pépinière de marins habiles et courageux.

Cependant la course engendrait souvent des abus qui en faisaient désirer l'abolition. Le lucre, seul mobile des corsai-

(1) *Hist. des traités*, t. IV, p. 58.

res, les entraînait souvent à violer les droits de la neutralité, soit en capturant ou molestant les navires neutres qu'ils rencontraient à la mer, soit par des simulations coupables de nationalité et de pavillon. Déjà l'illustre Franklin avait réclamé contre la guerre maritime faite par corsaires (1). Il avait réussi à faire adopter cette doctrine par le traité conclu en 1785 entre les États-Unis et la Prusse.

Mais cette voix isolée n'avait pas trouvé d'écho, et la course était restée de droit public universel jusqu'au 17 mars 1856.

Ce n'est même pas sans protestations que le droit antique a cédé devant un droit plus pur et plus généreux. Le savant M. Hautefeuille ne peut s'empêcher de regretter amèrement l'œuvre si éminemment civilisatrice du Congrès de Paris (2).

Il est vrai que ces regrets sont motivés par le refus d'adhésion de quelques puissances, et par le spectacle affligeant qu'ont offert les Chambres anglaises depuis le traité. Le 22 mai 1856, lord Colchester avait provoqué à la Chambre des lords un vote de blâme contre le ministère à raison de l'adoption du principe « navire libre, marchandise libre, » et si sa proposition avait été repoussée par 156 voix, elle avait été appuyée par 102.

Le 14 juillet 1857, le même principe fut déclaré à la Chambre des communes *onéreux* et *inexécutable* par l'Angleterre !

Quant aux États-Unis, il résulte de la note de M. Marcy du 28 juillet 1856, en réponse à l'invitation qui leur avait

_____

(1) V. Wheaton, *Histoire du progrès du droit des gens*, t. I, p. 372.

(2) *Histoire des progrès, des origines et des variations du droit maritime international*, p. 485 et suiv.

été faite d'adhérer à la déclaration du 16 avril 1856, qu'ils ne pouvaient consentir à l'abolition de la course qu'à la condition de supprimer le droit de capture sur les navires marchands.

« Le Congrès, disait M. Marcy, n'a pas fait connaître les motifs qui l'ont déterminé à abolir la course, mais l'on doit présumer qu'il a principalement obéi au désir d'adoucir les rigueurs de la guerre en garantissant les propriétés privées au même degré qu'il est d'usage de les garantir dans la guerre sur terre. Il est difficile en effet de justifier d'une manière convaincante la différence qui existe encore à ce sujet ; mais si le Congrès a voulu la faire disparaître, il est resté fort loin du but qu'il se proposait, en ne protégeant pas les propriétés privées des belligérants contre les vaisseaux de guerre de même que contre les corsaires. Si ces propriétés restent exposées à être capturées par les vaisseaux de guerre, on a peine à s'expliquer pourquoi le droit de capture serait enlevé aux corsaires, qui ne sont, de fait, qu'un des éléments de la force publique de la nation qui leur délivre des lettres de marque.

» L'Océan est le domaine commun à toutes les nations... Une puissance dominante est plus à craindre sur les mers que sur terre. C'est la capture des propriétés privées sur l'Océan qui favorise le plus l'établissement d'une domination semblable au profit d'une ou de quelques-unes des nations qui ont de puissantes marines. La justice et l'humanité exigent qu'on renonce à cette coutume et que les propriétés privées jouissent sur mer des mêmes ménagements que sur terre. »

Nous croyons qu'il serait d'une politique aussi généreuse qu'utile à tous les intérêts de dépouiller entièrement les vestiges vieillis de la barbarie, et d'abolir la capture des bâtiments de commerce.

Les règles nouvelles appliquées au droit de course par le Congrès de 1856 sont les conséquences de ce principe général, que la guerre est une relation d'État à État, et non une lutte d'individus à individus. De ce principe découle encore cette conséquence que si chacun des États belligérants, pour augmenter ses ressources et diminuer celles de son adversaire, a le droit de s'approprier par la force les biens de l'être collectif qu'il combat, les biens et les personnes des individus qui ne prennent pas une part active à la guerre doivent être respectés.

Cette règle, admise sans contestation par tous les peuples policés quand il s'agit de guerre continentale, est complétement méconnue dès qu'il est question de guerre maritime. Tandis que, sur terre, tous les droits privés, toutes les propriétés mobilières ou immobilières des particuliers sont religieusement respectées, le droit des gens admet que les propriétés des particuliers qui se trouveront sur mer sont de prise légitime.

Les motifs de cette exception au principe général sont donnés par un grand nombre de publicistes, pour justifier la pratique commune de toutes les nations :

« La dissemblance entre les lois de la guerre sur terre et les lois de la guerre sur mer est justifiée par l'usage de considérer comme butin la propriété privée lorsqu'elle est capturée dans des villes prises d'assaut ; par le fait reconnu de lever des contributions sur un territoire ennemi, au lieu d'une confiscation générale des propriétés appartenant à ses habitants ; parce que, dans la guerre de terre, laquelle a pour but les conquêtes, l'acquisition d'un territoire pouvant devenir l'équivalent de la perte d'un autre territoire, les ménagements que doit avoir le vainqueur pour ceux qui vont être ou pour ceux qui ont été ses sujets, restreignent naturellement l'exercice de ses droits rigoureux , *en outre et surtout parce que le but de la guerre sur mer est la destruction* du commerce et de la navigation de l'ennemi, source et nerf de sa puissance navale, but qui ne peut être atteint autrement que par la capture et la confiscation de la propriété privée (1).

« Pour nous, dit M. Ortolan, les seuls motifs déterminants, ceux auxquels nous voudrions réduire la démonstration parce qu'ils sont concluants, parce qu'ils simplifient la difficulté et nous paraissent peu susceptibles de controverse, ces motifs sont :

» 1° Que la marine marchande, soit dans son personnel, soit dans son matériel, est un moyen de puissance navale toujours prêt à venir en aide à l'Etat belligérant dont elle relève, à recruter sa marine militaire; en un mot, à se transformer, à la première réquisition, en instrument de guerre. A ce titre, elle tombe directement sous le coup des forces navales ennemies qui pourront l'atteindre ;

» 2° Que si la marine marchande et les marchandises qu'elle porte étaient reconnues libres et inviolables quoique appartenant à l'ennemi, il serait libre à une puissance belligérante, en ne mettant en mer aucun bâtiment de guerre, de rendre illusoire à son égard les effets de la guerre maritime, de continuer à exploiter par ses navires de commerce les mers et les continents et de puiser ainsi des moyens mêmes de soutenir la lutte, dans les opérations de cette marine mar-

(1) Wheaton, *Elem. of int. law.* V. II, p. 84.

chande, soit par les impôts ,. soit par l'accroissement de la fortune privée dont l'ensemble en définitive constitue la fortune de l'État (1). »

Nous pensons qu'il n'est pas difficile d'ébranler ce double appui donné à la doctrine des prises maritimes.

S'il est exact de prétendre que le personnel de la marine marchande tombe légitimement sous le coup des forces navales ennemies par la seule raison qu'il offre au belligérant dont il relève, un aide puissant pour recruter sa marine militaire, nous ne voyons pas pourquoi le même raisonnement ne s'appliquerait pas aux individus mâles et adultes quand il s'agit de la guerre de terre, car c'est dans cette partie de la population que se recrutent les armées terrestres.

Et quant au matériel de la marine marchande, outre qu'il est en réalité peu applicable à la marine militaire, les motifs sur lesquels M. Ortolan appuie son raisonnement nous touchent peu, car, s'ils étaient suffisants, ils se trouveraient en flagrante contradiction avec les principes professés par M. Ortolan lui-même en matière de contrebande de guerre, et en vertu desquels il ne suffit pas, pour que des marchandises ou des objets quelconques soient de bonne prise, qu'ils puissent servir aux usages de la guerre, si d'ailleurs ils ont une destination pacifique. Si vous légitimez la capture des navires marchands par le besoin de faire à l'ennemi le plus de mal possible, et de diminuer la fortune privée dont se compose la fortune publique, soyez conséquent avec vous-même et prohibez alors le commerce fait par les neutres, commerce qui lui aussi apporte son contingent de richesses, et qui, lorsque la

______

(1) Ortolan, *Diplom. de la mer*, t. II, p. 43.

guerre éclate, vient remplacer le transport sous pavillon natio-
nal. En adoptant la double maxime que le pavillon neutre
protége les biens de l'ennemi, et que les biens neutres sont
respectés, même sous le pavillon ennemi, le Congrès de
Paris affranchit en réalité de la capture sur mer le commerce
général des pays belligérants. Lorsque la guerre s'élèvera
entre deux peuples, chacun d'eux pourra continuer à acheter
les produits de son adversai e et à lui vendre es siens, à la
seule condition que le transport soit effectué par des bâtiments neutres. Il est donc vrai de dire que toute cargaison,
propriété particulière, est respectée en mer, car il sera facile
de la faire transporter par navire neutre.

Il ne reste plus qu'une seule classe de propriétés dont la
prise reste légitime, celle des navires eux-mêmes ; et cette
capture est toujours légitime, soit que le navire ennemi porte
des marchandises appartenant à sa nation, soit qu'il ne porte
que des marchandises appartenant aux neutres. Seulement,
dans le premier cas, navire et cargaison sont confisqués ;
dans le second, la cargaison est protégée.

Pourquoi cette distinction entre deux natures de propriété,
la cargaison et le navire, qui offrent de si étroites analogies?
Pourquoi faire supporter à une seule classe de commerçants,
à celles des armateurs, une des plus intéressantes, tout le
poids des guerres maritimes, tandis que toutes les autres
classes en seront affranchies? Pourquoi le commerçant
pourra t-il continuer ses opérations, et embrasser le globe
dans ses vastes spéculations, désormais assurées contre les
risques de la guerre, en se bornant à fréter des navires neutres qui viendront s'offrir en foule, tandis que le commer-
çant-armateur se verra dans la triste nécessité d'exposer ses
navires à la capture, ou de les laisser pourrir dans le port,

et le plus souvent de liquider ses opérations par une faillite imméritée?

Les puissances signataires du traité de Paris, qui ont déjà pris l'initiative de l'adoucissement du droit public maritime, ne doivent-elles pas admettre la conséquence entière du principe généreux qu'elles ont fini par faire prévaloir? Ne doivent-elles pas exempter de prise tout navire de commerce comme elles ont exempté la cargaison, et ne doivent-elles pas faire décider qu'à l'avenir la capture ne sera plus exercée, en dehors des cas assez rares de blocus effectif, que sur les objets de contrebande de guerre?

Soyons donc conséquents jusqu'au bout, et puisque nous avons repoussé le dogme barbare, qu'il faut faire à son ennemi le plus de mal et par tous les moyens possibles, pour adopter celui de respecter les propriétés particulières, respectons ces propriétés sans faire des distinctions que l'équité ne justifie pas.

Nous ne ferons d'ailleurs, Messieurs, qu'obéir à la tradition française : en 1792, Kersain, député de Paris, avait donné à ces principes la forme d'un projet de loi qu'il présentait à l'Assemblée nationale. L'Assemblée accueillit favorablement ce projet, et invita le pouvoir exécutif à négocier avec les puissances étrangères pour obtenir d'elles l'adoption de cette grande et nouvelle base du droit des gens maritimes.

Les publicistes commencent hardiment à réclamer en faveur de cette opinion. Elle est exposée avec talent et clarté par MM. Pinheiro-Ferreira (1), Massé (2) et Rayneval (3).

(1) Pinheiro-Ferreira, *Manuel du citoyen sous un gouvernement représentatif*, p. 601.

(2) G. Massé, *Droit commercial dans ses rapports avec le droit des gens*, t. I, p. 152 et 153.

(3) Rayneval, *Institution du droit de la nature et des gens*, liv. III, chap. XVI, p. 267.

Les gouvernements et les peuples s'en préoccupent. Les États-Unis ont formulé cette proposition en réponse et comme condition de leur acceptation des principes proclamés par le Congrès de Paris. Le Brésil et la Russie l'ont acceptée, donnant ainsi un noble exemple en même temps qu'une preuve de leur intelligence des besoins nouveaux de la civilisation. La ville libre de Brême, celle de Hambourg, ont énoncé les mêmes désirs, qui trouvent un grand écho dans les villes commerçantes de l'Angleterre. A la fin de 1859, lorsqu'il a été question d'un congrès pour régler les affaires d'Italie, pendant que la chambre de commerce de New-York renouvelait ses vœux, la chambre de Manchester conseillait au gouvernement anglais d'accepter la proposition des États-Unis. Lord John Russell a solennellement promis dans la Chambre des communes de s'occuper de cette question, et lord Palmerston a prononcé devant une députation de commerçants de Liverpool ces paroles, si remarquables dans la bouche d'un ministre anglais :

« Nous nous félicitons d'avoir pu, de concert avec le gou-
» vernement français, apporter aux coutumes de la guerre
» des tempéraments qui, sans affaiblir l'énergie des moyens
» d'action, ont atténué néanmoins les dommages inévitables
» auxquels sont sujettes les transactions commerciales des
» pays en état de guerre. J'ai l'espoir que ces tempéraments
» pourront encore s'accroître dans l'avenir : un temps viendra
» où les principes qui régissent les hostilités en terre ferme
» seront également appliqués sur l'Océan, de sorte que
» les propriétés particulières y seront à l'abri des cap-
» tures. »

Nous vous supplions donc, Messieurs les Sénateurs, de prendre en considération les observations que nous avons

l'honneur de vous soumettre. Ne vous effrayez pas de la ré-
sistance des partisans surannés des vieux us et coutumes
de la mer : avant de passer dans le domaine des faits et de
devenir vulgaire, tout idée nouvelle doit faire son stage, et
se résigner à être combattue, jusqu'au jour où elle aura
vaillamment conquis son droit de cité pour se convertir en
formule législative et diplomatique. L'idée que nous dé-
fendons tend à une réalisation prochaine; déjà les États-
Unis, la Russie, le Brésil, les villes hanséatiques l'ont pro-
clamée; les grands centres manufacturiers et commerciaux
de l'Angleterre en réclament l'adoption; la France voit ses
principales villes de commerce s'émouvoir dans le même
sens.

Nous avons pensé qu'un tel progrès dans l'adoucissement
des maux inévitables de la guerre est une cause assez glorieuse
pour que le Sénat ne dédaigne pas d'y attacher le poids de
son concours, et pour que, lorsque la question sera posée
dans le prochain congrès européen, elle le soit par l'initiative
toujours généreuse de la France.

Nous terminons, Messieurs, en rappelant les vœux que
formait sur ce sujet un homme dont le génie pratique ne
saurait être méconnu; et nous plaçons notre pétition sous
l'égide de ces mémorables paroles de l'Empereur Napoléon 1er :

« Il est à désirer qu'un temps vienne où les mêmes
» idées libérales s'étendent sur la guerre de mer, et que les
» armées navales de deux puissances puissent se battre sans
» donner lieu à la confiscation des navires marchands, et
» sans faire constituer prisonniers de guerre de simples ma-
» telots du commerce ou les passagers non militaires. Le
» commerce se ferait alors sur mer, entre les nations bel-

» ligérantes, comme il se fait sur terre au milieu des ba-
» tailles que se livrent les deux armées. »

§ III.

Nous venons donc solliciter le Sénat d'agir dans la limite
de ses attributions, pour que le Gouvernement de l'Empereur adopte comme règles soit de sa législation particulière,
soit de ses relations avec les puissances maritimes, les principes suivants :

*Sur la détermination des marchandises de contrebande de
guerre :*

1° Les armes et instruments de guerre quelconques, et les
munitions de toutes sortes servant directement et exclusivement à l'usage de ces armes, sont les seuls objets qui doivent être nécessairement considérés comme contrebande de
guerre (1).

2° Tous objets de première nécessité, ainsi que les matiè-
res premières ou marchandises de toute espèce propres
aux usages civils, bien qu'ils puissent servir également à
la confection ou à l'usage des armes, instruments ou munitions de guerre, ne sont point considérés comme contrebande
de guerre.

(1) Ortolan, *Diplomatie de la mer*, t. II, ch. VI, p. 179.

Sur le droit de capture des navires marchands :

Le droit de capture des navires marchands est et demeure aboli.

Daignez agréer l'expression du profond respect avec lequel je suis,

Messieurs les Sénateurs,

Votre très-humble serviteur,

Théophile MALVEZIN.

3, rue de la Grange-Batelière, Paris.

Le 25 avril 1861.

PARIS. — IMPRIMERIE CENTRALE DE NAPOLÉON CHAIX ET Cᵉ, RUE BERGÈRE, 20. — 3474